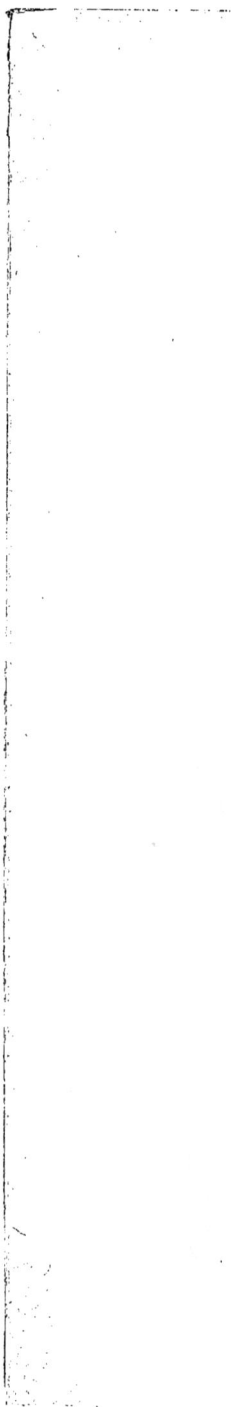

UNIVERSITÉ DE FRANCE

AGRÉGATION DES FACULTÉS DE DROIT

CONCOURS DE 1896

# COMPOSITION

DE

# DROIT ROMAIN

Faite en 7 heures, le 22 septembre 1896

PAR

## Louis DEBRAY

DOCTEUR EN DROIT

LAURÉAT DE LA FACULTÉ DE PARIS

*Chargé de Conférences à la Faculté de droit de Paris.*

PARIS

V. GIARD & E. BRIÈRE

LIBRAIRES-ÉDITEURS

16, rue Soufflot, 16

1896

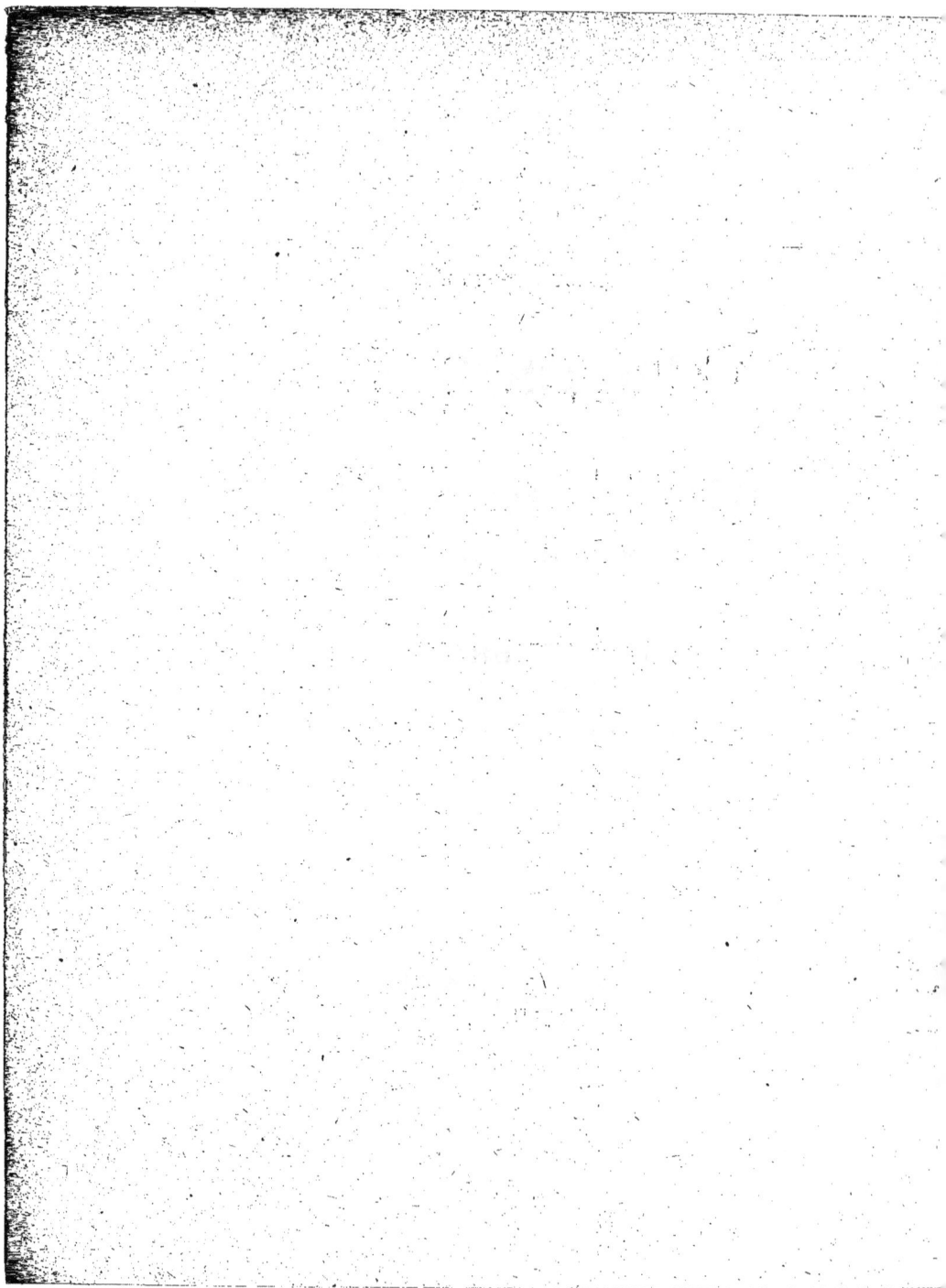

# COMPOSITION

## DE

# DROIT ROMAIN

*Exposer par comparaison les principes qui ont régi en droit romain les obligations contractuelles et les obligations délictuelles.*

L'homme en principe, d'après la nature des choses, n'est pas soumis à une contrainte, à la nécessité d'accomplir une prestation au profit d'autrui.

Ce principe, auquel du reste une législation peut apporter des dérogations en imposant à l'individu, sous l'empire de préoccupations diverses, des obligations qui portent le nom d'obligations légales (*ex lege*), constitue une vérité acquise et en droit romain et en droit français. Mais la nécessité pour l'homme d'accomplir au profit d'autrui un acte qu'il n'est pas naturellement forcé de faire, ou de s'abstenir d'un acte qu'il est en son pouvoir naturel d'exécuter, peut naître en des circonstances diverses que les jurisconsultes romains ont groupées tantôt en deux catégories : les contrats, les délits (Gaïus, C. III, § 88), tantôt en trois, les contrats, les délits et les *variæ causarum figuræ* (Gaïus, Lib. II, *aureorum*, fr. 1, pr., liv. 44, Tit. 7), tantôt comme Justinien, en quatre catégories : les obligations, dit-il au Livre 3 de ses *Institutes*, Tit. 13, § 2, « *sunt, aut ex contractu, aut quasi ex contractu, aut ex maleficio, aut quasi maleficio* ». Nous n'avons à retenir ici que la première de ces divisions qui nous fait apparaître l'obligation tantôt comme contractuelle, tantôt comme délictuelle.

Notre législation française reconnaît généralement comme sources des obligations le contrat et le délit, par une division qui, si elle n'est pas expressément formulée, ressort, tout au moins, de l'intitulé du Titre 3 du Livre III du Code civil : « Des contrats ou des obligations conventionnelles » et, au Titre 4 : « Des engagements qui se forment sans convention », de l'intitulé du chapitre II : « Des délits et des quasi-délits ».

L'obligation contractuelle et l'obligation délictuelle apparaissent, au terme de l'évolution probablement inachevée, constituées par notre droit civil français, comme présentant un caractère sinon d'unité, tout au moins de ressemblance et parfois d'identité dans les règles qui les régissent soit dans leurs sources, soit dans leurs effets, soit dans leurs modes de transmission et d'extinction, soit dans leur sanction.

Elles diffèrent sans doute dans leur source. L'obligation contractuelle naît du libre accord des volontés en vue de satisfaire un besoin économique déterminé : vendre, acheter, prêter, etc. L'obligation délictuelle naît d'un fait illicite causant préjudice à autrui et obligeant celui par la faute duquel ce préjudice a eu lieu, à le réparer, en vue de donner satisfaction au grand principe d'équité et de justice qu'il faut respecter le droit d'autrui. Mais déjà ici la ressemblance apparaît dans la conception large que se fait le législateur de ces accords de volonté et de ces faits illicites d'où naissent des obligations. D'après l'article 1134, les conventions légalement formées tiennent lieu de loi à ceux qui les ont faites. Et l'article 1382 s'exprime en ces termes : « Tout fait quelconque de l'homme qui cause à autrui un dommage, oblige celui par la faute duquel il est arrivé à le réparer ». Ainsi, qu'il s'agisse de contrats ou de délits, la loi ne procède pas par énumération ; ce ne sont pas certaines conventions qu'elle déclare obligatoires, certains faits préjudiciables qui donneront droit à une réparation ; c'est tout accord de volontés portant sur un fait qu'il est au pouvoir de l'homme d'accomplir, ne blessant ni les règles de la morale, ni celles de la loi ; c'est tout fait portant atteinte au droit d'autrui par une personne responsable pour q ui elle constitue une faute.

Il n'y a plus ressemblance, il y a identité presque parfaite dans la façon dont la loi française traite l'obligation contractuelle ou délictuelle, une fois née, alors qu'il s'agit de déterminer les effets qu'elle produit. Sans doute par la force des choses, certaines théories s'appliqueront seulement à l'obligation contractuelle, par exemple, la théorie des fautes, celle des risques. Mais la différence ne sera pas voulue, artificielle, créée par la loi, elle vient de ce que l'obligation est née dans des circonstances différentes. A raison de ces différences d'origine, il est certaines questions qui se posent et qu'il faut résoudre pour l'une et [qui] sont étrangères à l'autre : tandis que, par exemple, lorsque deux personnes se sont promis réciproquement de se donner, l'une, une somme d'argent, l'autre un cheval, la question se pose de savoir si, dans ce contrat synallagmatique appelé vente, le vendeur étant libéré de l'obligation de livrer le cheval qui a péri, par cas fortuit, l'acheteur sera libéré de son obligation de payer le prix, bien évidemment cette théorie des risques est étrangère à l'obligation délictuelle née d'un fait unilatéral, qui n'a produit qu'une obligation unique.

Mais, ces théories, mises à part, les règles concernant les effets des obligations seront communes aux obligations délictuelles et contractuelles.

1º Le créancier a droit à l'exécution de l'obligation, et si le débiteur ne s'en acquitte pas volontairement, il a une action pour le contraindre à s'exécuter. Toute obligation contractuelle ou délictuelle est sanctionnée par une action, et si, par accident, elle en est dépourvue (auquel cas, elle porte le nom d'obligation naturelle), elle l'est par des causes indépendantes de sa source : on peut être obligé naturellement par délit comme par contrat.

2º Le créancier a droit à l'exécution de son obligation en nature; il a droit à la prestation même qui lui est due, que l'obligation soit contractuelle ou délictuelle ; au premier cas, il faudra livrer le cheval, procurer la jouissance de l'immeuble loué, restituer l'objet déposé ou l'argent prêté; au second cas, il faudra restituer la chose volée, réparer la maison abîmée.

3º Lorsque le créancier n'aura pas obtenu l'exécution en nature,

volontairement, il pourra l'obtenir judiciairement, et n'aura pas à
se contenter d'un équivalent pécuniaire. C'est seulement au cas où
l'exécution forcée en nature impliquerait une contrainte personnelle sur la volonté du débiteur, que le créancier sera forcé d'accepter un équivalent consistant dans une somme d'argent; il devra
s'en contenter, que l'obligation soit délictuelle ou contractuelle.

Si les effets des deux espèces d'obligations sont, sauf sur certains points de détails sur lesquels nous n'avons pas à insister,
identiques, leurs modes d'extinction et de transfert ne le sont pas
moins : paiement, novation, compensation, prescription, procédés
de cession, tout cela est commun aux deux espèces d'obligations
et, ici encore, s'il y a des théories spéciales à chacune d'elles, cela
tient à des circonstances différentes qui ont présidé à leur naissance, à la nature des choses, non à une conception législative
spéciale, créée par [la] (1) loi et qui ne pourrait ne pas exister ail-
leurs

La question qui se pose est celle de savoir si ces règles rapide-
ment tracées par comparaison des obligations délictuelles et contractuelles, nous ont été transmises par le droit romain duquel, on
le sait, découle en grande partie notre théorie des obligations. Le
droit romain les a-t-il connues au moins en son dernier état, et
comment est-il parvenu à les connaître et à les formuler? N'a-t-il
pas eu, au contraire une conception spéciale soit du contrat, soit
du délit, qui l'a amené à régir chacune de ces catégories juridiques par des principes différents, ces différences s'atténuant peu à
peu au fur et à mesure du développement des institutions pour
arriver, dans son dernier état, en partie aux règles qui nous régissent aujourd'hui.

C'est cette histoire comparée des deux obligations que nous allons essayer de retracer, en supposant tout d'abord que la personne qui a contracté ou commis le délit a agi par elle-même.

Nous aurons ensuite à rechercher si on peut être obligé [ou
devenir créancier] (2, par les contrats ou les délits d'autrui.

(1) Le mot entre crochets n'est pas dans le manuscrit.
(2) Mots sautés dans le manuscrit.

Mais nous devons auparavant faire ressortir le fondement de chacune de ces deux obligations. C'est en effet la différence de fondement qui sera la source et le principe de toutes les autres.

## PREMIÈRE PARTIE

### FONDEMENT DE L'OBLIGATION CONTRACTUELLE ET DE L'OBLIGATION DÉLICTUELLE

Il est possible, et c'est une conjecture parfois émise parmi les romanistes, qu'à l'origine du droit l'une de ces deux sources, le contrat, fit défaut, ou plutôt, que toute obligation fut considérée comme délictuelle. Aux époques primitives où la science du droit n'existe pas, où les catégories juridiques ne se sont pas formées, où les idées abstraites font défaut, on a pu ne pas avoir la notion de l'accord de volontés productif d'obligations, même lorsque cet accord se manifeste par des solennités extérieures. Cela ne veut pas dire que la solennité ne produise pas un effet juridique, que pratiquement il n'en naisse pas un droit pour le créancier contre le débiteur ; seulement, ce droit n'est pas un droit né du contrat ; l'action [est] (1) donnée au créancier non comme sanction directe du contrat, mais comme sanction du délit qu'il y a à ne pas respecter la convention. Toute violation de l'acte solennel est un délit et donne naissance à une action. On a les traces de cette idée dans le *nexum*, le plus vieux, probablement, des contrats romains, et qui donne naissance à une *manus injectio*, c'est-à-dire sommairement au droit de s'emparer du débiteur, de le mettre à mort ou de le vendre comme esclave au delà du Tibre, à l'époque primitive (2). Cette sanction répond bien à l'idée de vengeance plus qu'à l'idée

(1) Mot sauté dans le manuscrit.
(2) Avant la loi *Pœtelia Papiria*.

de respect de la convention-loi des parties. On a de cette idée une trace plus nette encore dans l'*actio auctoritatis* donnée à l'acheteur contre le vendeur, ou mieux à l'acquéreur par *mancipatio* contre l'aliénateur, au cas où l'acheteur est évincé dans certaines conditions ; pratiquement, cette obligation du vendeur correspond à l'obligation de garantie née du contrat de vente ; mais, théoriquement et ceci a des conséquences importantes, si le vendeur est tenu de l'*actio auctoritatis*, ce n'est pas à raison du contrat de vente, mais parce qu'il a commis un délit pénal, en laissant évincer l'acheteur, en ne venant pas le défendre à la *rei vindicatio* intentée par le propriétaire.

Mais, et quelle que soit la portée de cette remarque, dès le début du droit romain, nous trouvons les deux catégories juridiques bien distinctes dans leurs sources, quoique confondues parfois dans leurs effets : le contrat, le délit ; bien distinctes, également, quant à leur fondement juridique.

Le contrat répond à la nécessité de sanctionner l'accord de volontés en vue de satisfaire un besoin économique. Le délit répond au besoin de donner satisfaction à l'idée de vengeance. Le besoin économique, le besoin de vengeance, tels sont les deux fondements desquels sont nées ces deux catégories.

Le père de famille qui dirige sa maison a besoin d'argent pour faire face aux dépenses de la famille ; il empruntera une valeur, commune mesure, bétail, puis lingots, puis monnaie, au moyen du *nexum*, opération solennelle dans laquelle, en présence de témoins, le prêteur pèsera dans la balance le métal et le lui remettra, faisant naître ainsi, à son profit, une créance en restitution d'une quantité égale de métal : le prêt est réel. Le père veut, en mariant sa fille, s'obliger à fournir à son gendre une dot consistant dans une somme de métal qu'il n'a pas à sa disposition ; le futur gendre fera semblant de lui peser le métal et le père se trouvera ainsi obligé, en vertu d'un prêt fictif, à rembourser même quantité ; il en sera de même du vendeur vis-à-vis de l'acheteur qui ne peut payer comptant le montant de son prix. Plus tard, l'obligation de l'emprunteur naîtra plus simplement de la remise des deniers par le prêteur ; l'obligation de l'acheteur d'une *stipulatio* ou du simple accord de volontés, l'obligation de payer le montant de la dot d'une *stipulatio*, puis d'une convention ; mais, dans tous les cas, l'obligation née est créée en vue de satisfaire un besoin économique, le besoin que peut avoir tout homme d'emprunter, d'acheter, de doter.

L'obligation née du contrat est donc essentiellement une obligation patrimoniale, entrant dans le patrimoine, c'est-à-dire dans cette masse de valeurs destinées à permettre à l'homme de vivre de la vie matérielle, de donner satisfaction à ses besoins économiques. Le nombre des contrats a pu varier ; leurs effets ont pu être plus ou moins étendus, le fondement n'en a jamais varié, le contrat a toujours été le procédé juridique donné à l'homme, l'instrument mis entre ses mains pour lui permettre d'assurer son existence matérielle et ses besoins économiques.

L'obligation délictuelle a eu, au début tout au moins, et même, elle a gardé en partie ce caractère durant tout le droit romain, un tout autre fondement ; elle répond à un besoin tout différent, le besoin de vengeance. L'individu qui a subi un tort en conçoit un ressentiment, il sent le besoin d'infliger un mal à l'auteur de l'offense, de se venger de lui. Ce besoin naturel à l'homme qui se retrouve chez les enfants et même chez l'adulte de nos jours, est, on le comprend aisément, bien plus vif encore chez les peuples primitifs, chez lesquels n'ont pas pénétré les idées plus délicates et plus abstraites sur lesquelles est fondé aujourd'hui le droit de punir. Il a donc dû se faire jour et se donner libre carrière dans la législation romaine primitive, c'est lui qui a servi de fondement à l'obligation délictuelle. Il était d'autant plus libre de se développer qu'à cette époque l'État n'avait point cette organisation solide qui lui permet de mettre un frein aux passions privées. Et, en se développant, l'État n'a pu d'abord que faire une chose, atténuer, limiter les effets de la vengeance, la canaliser, pour ainsi dire, sans pouvoir la supprimer. C'est ce qu'a fait l'autorité publique romaine représentée successivement par la loi des Douze Tables, l'édit du préteur et le droit impérial.

Mais, à côté de l'idée de vengeance, devait bientôt se développer une autre idée dont nous trouvons des traces nombreuses

D.

dans les textes : si l'individu offensé ou lésé dans son droit veut agir contre l'offenseur, ce n'est plus pour se venger, mais simplement pour obtenir réparation du préjudice qui lui a été causé, et en vertu du principe d'équité qu'il faut respecter le droit d'autrui. Car, nous dit Ulpien, au livre I de ses *Regulæ* : *Juris præcepta sunt hæc... alterum non lædere.* Le délit ne nous apparait plus alors comme une satisfaction du besoin de vengeance, mais comme la réparation du tort injuste.

Or ce nouveau fondement rapproche singulièrement l'obligation délictuelle de l'obligation contractuelle. Avec l'obligation délictuelle fondée sur l'idée de vengeance, le créancier ne tient point à maintenir son patrimoine dans son intégrité et à conserver intactes les valeurs qui doivent lui servir à la satisfaction de ses besoins économiques. Ce qu'il veut avant tout, c'est se venger, que cette vengeance répare en même temps ou non la brèche faite au patrimoine, qu'elle accroisse ou non ce patrimoine. Le créancier qui voit dans le délit une atteinte à ses droits veut avant tout remettre les choses dans l'état où elles étaient avant que le délit ne fût commis ; il poursuit, comme le créancier contractuel, un but économique, il veut garder son bien pour satisfaire à ses besoins ; si on le lui enlève, il faudra remettre dans son patrimoine la valeur enlevée.

[La créance délictuelle, extrapatrimoniale, et régie de sa naissance à sa mort par des règles s'inspirant exclusivement de la notion de vengeance, devient alors, en partie du moins, une valeur patrimoniale, de nature juridique identique aux autres valeurs, par conséquent à l'obligation contractuelle, répondant à un besoin économique analogue, régie par des règles symétriques.]

Ce second point de vue tend donc à substituer au fondement ancien de l'obligation délictuelle une base nouvelle la rapprochant singulièrement de l'obligation contractuelle. Mais s'il a fini par triompher dans notre droit moderne, s'il a pu prendre naissance dans la législation romaine, il ne l'a certainement pas emporté sur le premier ; et, sauf quelques atténuations qu'il y a suscitées, on peut dire qu'à Rome, même à l'époque classique et encore sous

Justinien, l'obligation délictuelle reste fondée sur l'idée de vengeance, ce qui explique les différences fondamentales qui la séparent de l'obligation contractuelle, auxquelles nous arrivons avec l'étude de notre seconde partie :

## SECONDE PARTIE

### L'OBLIGATION NÉE DES CONTRATS ET DES DÉLITS ACCOMPLIS PAR SOI-MÊME.

On peut faire l'étude comparée de ces deux obligations : 1° quant à leurs sources; 2° quant à leurs effets; 3° quant à leurs modes d'extinction; 4° quant à leurs modes de transmission; 5° quant à leur sanction.

## I

### Sources

La source de l'obligation contractuelle est le contrat; la source de l'obligation délictuelle est le délit.

Le contrat et le délit ne naissent pas de la même façon. Le contrat est un accord de volontés; le délit, un fait illicite, unilatéral. Ils diffèrent dans leurs sujets, dans leur objet, dans leur sphère d'application.

A. — SUJETS. — Dans tout contrat et dans tout délit, il y a un créancier et un débiteur. On peut devenir créancier ou débiteur contractuel ou délictuel.

a). Pour être *créancier* contractuel, il faut avoir la capacité de droit et la capacité de fait.

1. — La capacité de droit, c'est la personnalité, c'est-à-dire l'aptitude juridique à être sujet d'un droit.

Ne peuvent contracter ceux qui sont dépourvus d'un des éléments constituant la personnalité : les esclaves qui n'ont pas le *status libertatis;* les peregrins dépourvus du *status civitatis,* et tout à l'origine peut-être les fils de famille, femmes *in manu,* qui n'ont pas le *status familiæ.* Mais cette dernière incapacité a très vite disparu, et même nous n'avons pas de traces de son existence dès le plus ancien droit romain, où les fils de famille peuvent devenir théoriquement créanciers par contrat, mais où, par suite de la puissance d'absorption du père de famille et l'incapacité du fils d'avoir un patrimoine, les droits naissant pour eux d'un contrat passent mécaniquement sur la tête du *paterfamilias.*

Quant aux peregrins, ils ont pu devenir créanciers par les modes du droit des gens et même par les modes du droit civil, quand cette dernière faveur leur était accordée, soit personnellement, soit *in rem,* en bloc, à un ensemble de peregrins formant ville ou province. Les esclaves ont pu devenir créanciers *jure naturali,* parce qu'ils possèdent à ce degré la personnalité.

Pour les délits, il semblerait au contraire que le délit étant attaché à l'idée de vengeance, et ce besoin étant éprouvé par tout individu, qu'il soit ou non pourvu de la personnalité juridique, on eût dû admettre la possibilité pour un esclave, un peregrins, un fils de famille ou une femme *in manu,* d'être créancier délictuel. Cependant, nous n'avons pas de trace certaine que ce principe ait été appliqué, au moins dans toute sa rigueur. Il est probable qu'à l'époque où le délit était sanctionné par la vengeance physique et non encore par la composition pécuniaire, on ait admis que le fils, le peregrin, l'esclave, qui se vengeaient en nature, ne commettaient pas de délit d'homicide ou de coups, et par conséquent exerçaient bien un droit, car, précisément, faire de la vengeance un droit, c'est ne pas ranger l'acte dont elle est l'exercice dans une catégorie pénale. Mais dès l'époque où le délit donne naissance à une action en paiement d'amende, où la composition a remplacé la vengeance, l'action née du délit constitue à ce point de vue un véritable droit de patrimoine réservé dans son principe ou dans son résultat, à ceux qui peuvent avoir un patrimoine, c'est-à-dire, au *paterfamilias*, à l'exclusion des perégrins, à qui on a accordé certaines actions pénales, par exemple, l'*actio furti*, par exception spéciale ; à l'exclusion des fils de famille qui, s'ils sont théoriquement capables d'être créanciers, voient le bénéfice de leur action passer sur la tête du *paterfamilias*.

2. — A la capacité de droit s'oppose la capacité de fait. Un individu capable de droit, ou plus généralement capable ou non en droit, peut, en fait, être incapable, à raison d'une circonstance normale ou accidentelle : âge, sexe, folie, prodigalité. Le législateur met alors à côté de lui ou à sa place, quelqu'un qui agira, un tuteur, un curateur. Cette incapacité de fait s'applique bien certainement, en droit romain, aux obligations contractuelles. L'*infans* est incapable de devenir créancier contractuel, le fou également (1). Rien n'empêche qu'ils deviennent créanciers délictuels. Seulement, reste à savoir qui exercera cette créance en leur nom ? On peut, croyons-nous, admettre sans difficulté que le tuteur de l'*infans*, primitivement en vertu de sa *potestas*, le curateur de fou, se fondant sur cette même idée que la tutelle et curatelle constituent, pour les tuteur et curateur, un droit et non une charge, plus tard, et au moins dès l'époque formulaire, en vertu du principe de la représentation, pourront exercer la créance née du contrat ou du délit dont l'incapable est titulaire actif.

*b).* Quelle doit être la capacité du titulaire passif ? Qui peut s'obliger par contrat, qui par délit ? Reprenons notre distinction entre la capacité de droit et de fait.

1. Les individus incapables d'avoir un patrimoine devraient être en principe, incapables de s'obliger, par un contrat dont le but est précisément de servir économiquement à la conservation ou au développement de ce patrimoine. Ils devraient être tous, au contraire, capables d'être obligés par leurs délits, car ils ont tous une personnalité physique qui peut servir d'aliment à la vengeance du créancier.

(1) Autrement dit, bien entendu, de contracter eux-mêmes comme créanciers. (Voir le titre de notre deuxième partie.) N. a.

— 14 —

Ces deux principes ont-ils toujours été rigoureusement appliqués par la législation romaine ?

L'incapacité contractuelle de s'obliger est certaine pour l'esclave qui n'a pu s'obliger que *jure naturali,* selon son degré de personnalité; certaine pour le pérégrin, qui ne pouvait intervenir dans les contrats formalistes, *nexum, sponsio,* contrat *litteris,* réservés aux citoyens, pas plus pour jouer le rôle de débiteur que celui de créancier, qui a pu exceptionnellement recevoir cette capacité pour les contrats de droit civil, qui l'a eu normalement pour les opérations rentrant dans le *jus gentium.* Elle est, croyons-nous, vraie également à l'origine pour le fils de famille et la femme *in manu.* La question est fort controversée. Il est certain qu'à l'époque classique le fils de famille qui a un pécule *castrense, quasi-castrense,* ou des biens adventices, peut s'obliger sur ces biens et dans la limite où son obligation ne porte pas atteinte aux droits du père, par exemple à ses droits d'usufruit sur les biens adventices. Il est certain également que le fils, même sans pécule, peut s'obliger par ses contrats et que l'obligation est susceptible d'exécution sur sa personne sinon sur des biens qui lui font actuellement défaut, soit, quand il deviendra *sui juris,* sur ces biens eux-mêmes. Mais on a soutenu que les fils de famille étaient dès l'origine de la législation romaine capables de contracter des obligations. Mais cette opinion nous paraît en désaccord avec l'esprit général du droit romain, très économe, très avare d'actions et qui eût été bien illogique en permettant au fils de famille de s'obliger alors que, d'une part, ce fils n'avait aucun patrimoine à la conservation ou au développement duquel ait pu servir l'obligation et que, d'autre part, le créancier n'avait pas de moyen de sanction, lorsque le fils de famille n'exécutait pas son obligation; en effet, il n'aurait pu qu'exécuter sur la personne du fils; mais en s'emparant du **fils,** il se heurtait à la puissance du père de famille à laquelle l'acte du fils ne pouvait porter atteinte directement ou indirectement.

Ce conflit entre le droit du créancier et celui du père existait bien également en matière d'obligation délictuelle; **le** fils en effet pouvait s'obliger par ses délits, comme l'esclave, car tous deux étaient des personnes physiques, et la personnalité physique suffit pour donner prise à la vengeance physique du créancier. Mais, précisément le droit romain primitif a imaginé un procédé de conciliation de ces deux droits en contradiction : le système des actions noxales. Le créancier a le droit de demander au père ou au maître de lui livrer le fils ou l'esclave ; mais le père ou le maître peut éviter cette livraison et garder sa *potestas* en payant le montant de la composition pécuniaire qui sert de rachat à la vengeance ; on donne ainsi satisfaction aux deux intérêts : le créancier ne peut se plaindre puisque si l'auteur du délit avait été *sui juris*, il aurait été obligé de se contenter de l'amende offerte par cet auteur ; le père ne le peut davantage, puisqu'il a un moyen de garder son pouvoir en payant la composition.

Quant au pérégrin, il a pu également être obligé par ses délits dès l'origine sans que cette solution semble présenter de difficultés.

2. *Capacité de fait.* — Ne peuvent contracter seuls une obligation ceux qui sont incapables de rendre leur condition pire, *infans*, impubères *infantiæ* ou *pubertati proximi*, fous, femmes, prodigues, qu'ils puissent ou non s'obliger avec le concours du tuteur ou curateur ou que ceux-ci puissent ou non s'obliger en leur nom, que ces incapables soient *sui aut alieni juris*. Sur ce dernier point, une question fort délicate s'est élevée de savoir si la femme *alieni juris*, à raison de son sexe, était incapable de s'obliger. Nous le croyons, car, outre des raisons de textes décisives, il serait invraisemblable que la femme *alieni juris* qui n'a pas de patrimoine à protéger, à conserver, à accroître, fût capable alors que cette capacité fait certainement défaut à la femme *sui juris*.

Au contraire, la capacité de s'obliger délictuellement aurait dû, à l'origine, où l'on ne tient pas compte de la responsabilité de la faute, de l'injustice subjective, mais du ressentiment, du sentiment de vengeance, de l'injustice objective où, comme on l'a dit fort heureusement, l'individu offensé voit une injustice subjective partout, même là où il y a une injustice objective, cette capacité aurait dû, disons-nous, exister chez tous les incapables de fait. Il est probable que cela a eu lieu, au moins à l'époque où la vengeance est purement physique. Mais à l'époque où elle peut être rachetée l'idée que le délit donne naissance à une obligation pécuniaire a pu germer, et d'autre part l'idée que toute obligation délictuelle suppose une faute a pu se développer. De la combinaison de ces deux idées il est résulté qu'on a exigé une certaine responsabilité délictuelle qui fait défaut aux fous, aux *infantes* et aux *infantiæ proximi*.

B. — L'objet de l'obligation contractuelle est la prestation due, c'est-à-dire un fait, une abstention possibles, licites et moraux. L'objet de l'obligation délictuelle est primitivement la vengeance. La vengeance a d'abord été physique, le créancier dépassant même la mesure de l'offense, punissait l'offenseur. La loi du talion a été la première atténuation apportée à ce droit du créancier ; puis la composition volontaire par laquelle l'offenseur rachète, si le créancier le veut bien, l'offense commise, enfin, la composition forcée que l'État force toujours le créancier à accepter. La loi des Douze Tables nous offre un modèle de transition entre la vengeance physique et la composition forcée, la première maintenue pour les offenses les plus considérables, ressenties le plus vivement par l'individu : injure, vol manifeste et pour lesquelles l'État, par conséquent, est encore impuissant à arrêter la colère de l'offenseur, et les délits moins vivement ressentis, vol non manifeste, où l'État peut imposer sa volonté aux parties en ordonnant à la victime de se contenter d'une somme d'argent. Le préteur n'a fait qu'accentuer ce mouvement et substituer la composition forcée à la vengeance physique, par exemple, au cas de vol manifeste, où il impose à l'offenseur de se contenter d'une amende mais plus forte (le quadruple) qu'au cas de vol non manifeste, le ressentiment qu'elle est destinée à apaiser étant plus grand.

C'est donc une amende que le délit a pour objet, que cette amende ait pour résultat de réparer ou non la brèche faite au patrimoine :

1° qu'il y ait ou non brèche, comme au cas d'injure où aucune valeur n'a été enlevée, et où, cependant, l'amende est due ;

2° que la brèche ait ou non été comblée au moyen d'une autre action, comme au cas de vol, où l'on cumule la *condictio furtiva* et *l'actio furti* ;

3° que l'on accroisse ou non le patrimoine, comme en cas

de vol où l'on a deux ou quatre fois la valeur de la chose volée.

Tous ces résultats, en contradiction avec l'idée que l'obligation délictuelle a pour objet la réparation du préjudice s'accordent merveilleusement avec son fondement primitif : elle a pour objet la vengeance.

Mais l'idée nouvelle de réparation s'est fait jour dans les nouveaux délits créés par le préteur ou le droit civil. Déjà on l'entrevoit dans le délit de la loi *Aquilia* où l'action sans doute a un certain côté pénal, mais est mixte, c'est-à-dire a en même temps pour objet la réparation du préjudice causé. Elle existe dans beaucoup de délits de droit nouveau. délits prétoriens de dol, *metus*, *fraus creditorum* où l'objet est plus nettement encore (sauf une restric tion pour l'*actio quod metus causa* donnée au quadruple l'année de la *metus*) la simple réparation du préjudice causé à la victime du dol.

C. SPHÈRE D'APPLICATION. — Qu'il y ait contrat ou délit, ils ne peuvent exister que s'ils rentrent dans un des types concrets créés par le droit positif. Le droit romain n'a jamais connu pour les contrats le principe très large de l'article 1134 du Code civil français, pour les délits, le principe de l'article 1382 de ce même Code. Sans doute, en matière de contrats, la reconnaissance successive d'une quantité d'accords de volonté faite par le droit civil, prétorien, impérial, en matière de délits, l'extension prétorienne et jurisprudentielle donnée au délit de la loi *Aquilia* ont élargi singulièrement ce domaine ; mais, et c'est là une ressemblance entre ces deux catégories juridiques, le principe est resté le même.

Seulement il est à noter que, tandis qu'au début, à une époque où la famille se suffisait à elle-même, où les besoins économiques étaient peu nombreux les contrats étaient en petit nombre, les délits au contraire, à cette époque rude et grossière ont été fort nombreux et il nous est dit expressément que la loi *Aquilia* a abrogé une quantité de délits qui existaient avant elle.

## II

*Effets. Modes d'extinction et de transmission.*

L'obligation contractuelle, [valeur patrimoniale], permet au créancier d'exiger du débiteur la prestation promise. Elle s'éteint quand le créancier a reçu cette prestation, à l'origine dans des formes correspondantes à celles qui ont servi à la former ; la formation *per æs et libram* appelle l'extinction *per æs et libram* ; la stipulatio appelle l'*acceptilatio* ; le contrat *litteris* une inscription nouvelle. Elle ne s'éteint point par l'effet du temps, mais elle s'éteint par la perte de la personnalité juridique, activement par le créancier, passivement par le débiteur. Elle se transmet avec les autres valeurs pécuniaires aux héritiers ; elle est arrivée pratiquement à pouvoir être transmise à titre particulier à l'aide tout d'abord de moyens détournés *procuratio in rem suam*, *stipulatio* novatoire, plus tard, par une simple convention avec signification au débiteur cédé.

L'obligation délictuelle [valeur extra-patrimoniale], permet au créancier de se venger en nature, puis au moyen d'une amende ; il n'a pas droit à la réparation du préjudice causé par le délit, il a droit à une amende. Ce droit s'éteint quand le créancier a reçu cette amende ; il n'y a pas à accompagner ce paiement d'une solennité quelconque correspondante à une solennité de formation qui n'a jamais existé, la dette née sans forme s'éteint de même. Elle s'éteint également par la simple volonté du créancier ; faire remise, c'est pardonner, et le pardon n'a pas de formes. Elle s'éteindra assez souvent par l'effet du temps car le temps est un indice de l'oubli de l'offense, le besoin de vengeance s'atténue et disparaît quand l'offense n'est plus présente. L'obligation délictuelle ne disparaît pas avec la personnalité juridique du

créancier ou du débiteur. Le *capite minutus* créancier délictuel conserve sa créance, car sa personne physique reste, et avec
elle le besoin de vengeance. Le *capite minutus* débiteur délictuel reste débiteur, car sa personnalité physique persiste, qui
peut servir de proie à la vengeance du créancier Mais à l'in-
verse, l'obligation délictuelle meurt activement et passivement
avec son titulaire. Cette règle qui a peut-être été vraie à l'origine de toutes les créances et les dettes à raison de leur origine délictuelle, qui est restée partiellement vraie pour certaines
créances délictuelles comme la créance d'injures, qui a disparu
cependant pour la plupart d'entre elles, à raison de la pénétration
du caractère patrimonial et de l'idée de réparation de préjudice
dans ces créances, est restée vraie au point de vue passif : la plupart des dettes délictuelles meurent avec leur débiteur [cette mort
mettant obstacle à la vengeance], et quelques-unes seulement
se transmettent contre les héritiers dans la mesure de leur enrichissement, et cela seulement sous l'Empire, probablement par
une innovation de Cassus, préteur en l'an 27 de J.-C. Il est possible
que, quant à leur transmission à titre particulier, il y avait eu
plus de difficultés encore que pour les créances contractuelles.


## I I I


### Sanction

Les obligations contractuelles sont sanctionnées par des actions
réipersécutoires, les obligations délictuelles par des actions
pénales.

Cette division se trouve mélangée dans les Institutes avec une
autre division en actions réipersécutoires, pénales et mixtes.

En réalité cette [dernière] division en comprend deux :

1° Elle est d'abord faite et peut l'être du côté du demandeur, selon le but qu'il poursuit : s'enrichir ou garder son patrimoine intact. A ce point de vue, elle comprend des actions réipersécutoires, pénales, mixtes, suivant qu'on poursuit l'un ou l'autre but ou les deux à la fois, et offre des intérêts spéciaux (concours des actions). Elle nous est étrangère.

2° Au point du défendeur, il n'y a que des actions pénales par lesquelles on se venge du défendeur qui a commis un délit, ou réipersécutoires par lesquelles on exige l'accomplissement de la prestation promise.

Nous en avons vu les principaux intérêts, quant à la *capitis deminutio*, à la transmissibilité, à l'extinction sans forme.

Reste à dire que le demandeur victime d'un délit commis par plusieurs peut exiger l'amende de chacun et les cumuler ; car il a autant de vengeances à exercer que d'offenseurs ; ils sont tenus *in solidum* (1). Au contraire la brèche au patrimoine ne se répare qu'une fois... quand plusieurs personnes lui ont promis quelque chose, il peut exiger de chacune d'elles soit une portion de la dette. soit le tout au cas d'obligation solidaire ou indivisible, mais il ne le peut qu'une fois. [Ici, encore, l'idée de réparation de préjudice et de valeur patrimoniale, pénétrant dans le domaine délictuel, a conduit le droit romain, notamment le préteur, à créer certains délits ne donnant droit qu'à la réparation du préjudice, de la brèche faite au patrimoine, et, par conséquent, au cas de pluralité de délinquants, à permettre au créancier de pouvoir s'adresser à chacun des débiteurs tenus *in solidum*, pour exiger cette réparation, mais à déclarer son action éteinte, le préjudice une fois réparé sans possibilité de cumul].

Enfin l'action pénale se donne *noxaliter* contre les personnes *in potestate*, l'action contr'actuelle, *de peculio* : ce que nous allons voir dans notre troisième partie.

(1) Nous voulons dire chacun au tout. N. A.

## TROISIÈME PARTIE

Puis-je être créancier ou débiteur des obligations contractées par autrui, et dans quelle mesure ?

Il faut distinguer suivant que la personne qui a accompli l'acte est soumise ou non à ma puissance.

1° Est-ce une *extranea persona* ? Je peux contracter par son son intermédiaire ; je ne deviendrai pas créancier *jure civili* ; à raison du principe de non représentation, *ni jure prætorio* parce qu'il faut que mon représentant qui, le plus souvent, les contrats étant commutatifs, a dû s'obliger pour acquérir la créance, reste obligé envers les tiers ; la créance est donc entre ses mains une sûreté qu'il doit garder, quand cela est nécessaire et sauf le cas de péril extrême du mandant et le cas où le mandataire est désintéressé par le mandant ou, plus généralement, n'a pas besoin de garder la créance. [Sinon, j'ai seulement le droit d'exiger de mon mandataire le transfert de cette créance en le désintéressant (1).

Je puis être obligé *per extraneam personam* quand je l'ai mise à la tête de mon commerce de terre ou de mer, *actio exercitoria, institoria*, ou quand je lui ai donné mandat d'agir, *actio quasi institoria*.

Au contraire, je ne peux devenir créancier délictuel par autrui, la vengeance étant un besoin personnel à l'offensé, ni débiteur délictuel, la vengeance étant personnelle à l'offenseur.

2° Est-ce une personne sous ma puissance qui a accompli l'acte ? Elle ne peut, d'après le droit primitif, rendre ma condition pire, d'où m'obliger, elle peut rendre ma condition meilleure.

Le droit prétorien a admis une série d'exceptions au premier

(1) Phrase ajoutée.

principe au cas où l'obligation est née par suite de l'expression de ma volonté soit spéciale, **quand je l'ai invité à agir**, *actio quod jussu*, soit générale, quand je l'ai mise à la **tête d'un** commerce de terre ou de mer, *actio exercitoria, institoria*, étendues aux *extraneæ personæ*) au cas encore où je lui ai donné un pécule ; le tiers traitant avec l'esclave ou le fils aura l'*actio de peculio* lui permettant de se payer sur le pécule, et dont le second chef l'*in rem versum* lui permet de se payer sur le montant de l'enrichissement procuré au maître par le pécule, sauf au maître à se payer le premier de ses créances contre le pécule, excepté s'il a laissé l'esclave ou le fils faire le commerce avec ce pécule, l'*actio tributoria* permettant alors aux autres créanciers de faire remettre ce dont le maître s'est payé dans la masse pour obtenir une distribution au marc le franc.

[Toutes décisions s'inspirant de la nécessité de donner satisfaction aux besoins économiques, et de l'idée de valeur patrimoniale de l'obligation contractuelle.

L'obligation délictuelle au contraire, dans cette situation, n'est régie que par l'idée et le besoin de vengeance].

L'obligation délictuelle née sur la tête de l'esclave, du fils, née plus généralement des faits illicites, des choses animées ou inanimées, sous la puissance du maitre, permet à l'offensé de demander au maître de le laisser se venger ou de payer l'amende, *noxiam sarcire aut in noxam dedere*. Elle est donnée contre celui qui a la *potestas* au moment de la poursuite et non contre le maître du moment du délit, ce qui écarte toute idée de responsabilité civile et de faute [comme fondant l'obligation] de la part du maître, idée inconnue en droit romain, qui ne s'est développée qu'en droit français où elle est consacrée par les articles 1884 et suivants, et même aujourd'hui très combattue.

Nota. — *Le temps a manqué pour résumer : 1° la théorie des actions noxales; 2° la situation des deux obligations sous Justinien par comparaison avec le droit actuel.*

*Les mots entre crochets [ ], ne se trouvent pas dans le manuscrit.*

Paris. — Imp. V. Giard et E. Brière, éditeurs, 16, rue Soufflot.

www.ingramcontent.com/pod-product-compliance
Lightning Source LLC
Chambersburg PA
CBHW070149200326
41520CB00018B/5350